TARIF

OU SÉRIE DE PRIX

FAÇON DES TRAVAUX DE MENUISERIE,

ORDINAIREMENT DÉSIGNÉS SOUS LE NOM DE

MARCHANDAGE.

Cette série de Prix, dressée par la Commission nommée à cet effet en assemblée générale des Entrepreneurs de Menuiserie de la ville de Paris, le 30 juillet 1838, et adoptée par la Chambre syndicale desdits Entrepreneurs, par décision du 13 août suivant, pour servir de base à ses réglements.

OBSERVATIONS.

Les parties un et deux parements, indiquées rainées et collées, comprendront, sans aucune plus value, les cloisons à la suite des bâtis ou côtés d'armoires portant rainures ou languettes sur les rives.

Les parties un et deux parements, rainées, collées, équarries au pourtour, et celles dont les joints seront chevauchés, seront payées le même prix que les parties rainées et collées avec clefs.

Les parties un et deux parements, indiquées embrevées au pourtour, comprendront, sans aucune plus value, les dessus de portes et panneaux arasés au pourtour et les casiers assemblés, compris les entailles d'épaulement seulement.

Toutes les entailles à bois de travers, avec épaulement d'un pouce ou quinze lignes de large, pour casiers ou autres ouvrages semblables, faites dans du chêne ou du sapin, seront payées huit centimes le pied courant.

Les montants et tablettes des casiers en sapin, qui auront des alaises en chêne, rainées, collées sur les rives du devant, seront payées quatre-vingt-dix centimes de plus par toise superficielle.

Toutes les parties en chêne timbrées, embrevées au pourtour, seront assemblées à tenons et mortaises, sans aucune plus value des prix fixés.

OUVRAGES UNIS

à la Toise superficielle.

	SAPIN.				CHÊNE.			
	ÉPAISSEURS.				ÉPAISSEURS.			
	1" et au-d.	15 et 18'	2" et 2" 1/4	2" 1/2 à 3"	1"	15'	18 à 21'	2" à 27'
Un parement								
Dressé	1 10	1 20	1 50	2 ·	1 90	2 05	2 55	2 80
Rainé, collé	2 10	2 25	3 25	4 20	3 40	3 70	4 35	5 ·
Rainé, collé avec clefs dans les joints	2 70	2 85	4 ·	5 35	4 20	4 50	5 15	6 ·
Rainé, collé et embrevé au pourtour	3 50	4 ·	5 25	6 35	4 90	5 55	6 55	7 80
Rainé, collé, embrevé au pourt' avec clefs	4 10	4 60	6 ·	7 50	5 75	6 45	7 50	8 80
Emboîté ou barré à queues	4 75	5 20	6 75	8 35	6 40	7 25	8 45	9 80
Emboîté ou barré à queues avec clefs	5 35	5 85	7 50	9 50	7 25	8 05	9 20	10 80
Deux parements								
Dressé	1 95	2 10	2 40	3 ·	3 ·	3 50	3 80	4 25
Rainé, collé	3 05	3 30	4 30	5 75	4 60	5 20	6 05	6 50
Rainé, collé avec clefs dans les joints	3 60	3 90	5 05	6 90	5 30	6 ·	6 45	7 55
Rainé, collé et embrevé au pourtour	4 50	5 ·	6 30	8 ·	6 ·	7 ·	7 75	9 35
Rainé, collé, embrevé au pourt' avec clefs	5 40	5 60	7 05	9 45	6 85	7 85	8 60	10 40
Emboîté ou barré à queues	6 ·	6 50	7 80	9 85	7 50	8 75	9 75	10 40
Emboîté ou barré à queues avec clefs	6 60	7 10	8 55	11 ·	8 20	9 40	10 50	12 45

RÉSERVOIRS, Coffres ou autres ouvrages, corroyés, rainés, avec clefs dans les joints, assemblés à queues aux angles, les fonds embrevés au pourtour à rainures et languettes.

		SAPIN.		CHÊNE.	
Un parement	1" d'épaisseur	6	25	8	75
	15 lig.	7	45	10	05
	18 à 21 lig.	8	25	11	35
	24 à 27 lig.	9	60	12	40
	2" 1/2 à 3"	11	60	14	90
Deux parements	1" d'épaisseur	7	30	10	05
	15 lig.	8	25	11	35
	18 à 21 lig.	9	20	12	65
	24 à 27 lig.	10	·	13	75
	2" 1/2 à 3"	12	70	16	25

OUVRAGES en Frises, corroyés et joints.

		SAPIN DE 1 PIED DE LARGE REFENDU EN DEUX OU TROIS. ÉPAISSEURS.			CHÊNE REFENDU EN DEUX OU TROIS. ÉPAISSEURS.			
		1er...	15 à 18'	2' à 2' 1/2	1er...	15'	18'	2' à 2' 1/2
Un parement	Planche en deux	2 30	2 90	4 05	4 »	4 35	4 70	6 45
	Planche en trois	3 »	3 60	5 »	4 50	5 40	6 30	8 05
Un parement avec baguettes sur les joints	Planche en deux	3 30	3 70	4 80	4 80	5 40	6 »	7 50
	Planche en trois	4 20	4 05	6 45	6 »	6 80	7 60	9 65
Un parement emboîté ou barré à queues	Planche en deux	4 70	5 60	8 25	6 45	7 40	8 25	11 35
	Planche en trois	5 30	6 30	9 40	7 30	8 30	9 30	12 95
Un parement emboîté ou barré à queues, avec baguettes	Planche en deux	5 50	6 35	9 »	7 55	8 40	9 25	12 40
	Planche en trois	6 45	7 50	10 60	8 85	9 90	10 95	14 60
Deux paremens	Planche en deux	3 60	4 »	5 40	5 30	5 85	6 40	8 05
	Planche en trois	4 10	4 55	6 05	6 05	6 75	7 45	9 65
Deux paremens avec baguettes sur les joints d'un côté	Planche en deux	4 10	4 75	6 90	6 35	6 90	7 45	10 50
	Planche en trois	5 25	6 75	7 25	7 50	8 40	9 30	11 30
Deux paremens, emboîté ou barré à queues	Planche en deux	5 90	6 75	9 40	8 40	9 »	9 90	12 95
	Planche en trois	6 45	7 50	10 60	8 85	9 90	10 95	14 60
Deux paremens, emboîté ou barré à queues, avec baguettes d'un côté	Planche en deux	6 65	7 55	10 20	9 45	9 40	9 65	12 75
	Planche en trois	7 65	8 70	11 75	10 52	11 55	12 60	16 15
Deux paremens, emboîté ou barré à queues, avec baguettes des deux côtés	Planche en deux	7 45	8 30	10 95	10 25	11 40	11 85	15 05
	Planche en trois	8 20	9 85	12 95	11 10	12 80	14 30	17 80

Pour toutes parties en frises, avec ou sans baguettes, qui seront équarries ou assemblées, il sera alloué les mêmes différences de prix que pour les parties unies.

Les frises pour parquets ou planchers ne sont pas comprises dans ce tableau.

PARQUETS de Glaces , Lambris , Ébrasements et Portes , assemblés à tenons et mortaises , remplis en panneaux avec feuillures , moulures , congés ou languettes au pourtour.

		TOUT EN SAPIN.		LES BATIS CHÊNE ; PANNEAUX SAPIN.			TOUT EN CHÊNE.		
		ÉPAISSEURS.		ÉPAISSEURS.			ÉPAISSEURS.		
		1" et au-dessous	15 à 18'	1"	15'	18 à 20'	1"	15'	18 à 20'
Les panneaux à glace	Brut derrière	5 75	6 25	7 10	7 60	8 »	8 50	9 »	9 70
	Blanchi derrière	6 75	7 25	8 35	8 85	9 25	10 »	10 50	11 20
Les panneaux arasés	Brut derrière	6 25	6 75	7 60	8 10	8 50	9 »	9 50	10 20
	Blanchi derrière	7 25	7 75	8 85	9 35	9 75	10 50	11 »	11 70
	Arasé derrière	7 85	8 35	9 60	10 05	10 50	11 30	11 80	12 50

FACES d'Armoires assemblées à tenons et mortaises , remplies en panneaux , fermant à feuillures à demi-bois , sur des bâtis de même épaisseur ou de trois lignes de plus.

	TOUT EN SAPIN.		LES PORTES EN SAPIN, LES DORMANTS EN CHÊNE.		LES BATIS CHÊNE, PANNEAUX SAPIN, DORMANTS EN CHÊNE.			TOUT EN CHÊNE.		
	ÉPAISSEUR.		ÉPAISSEURS.		ÉPAISSEURS.			ÉPAISSEURS.		
	1" et au-dessous	15 à 18'	1"	15 à 18'	1"	15'	18'	1"	15'	18'
Les panneaux à glace blanchis derrière	6 50	7 50	7 50	7 75	8 50	9 »	9 50	10 »	10 60	11 45
Les panneaux arasés blanchis derrière	7 »	8 »	8 »	8 25	9 »	9 50	10 »	10 50	11 10	11 95
Les panneaux arasés aux deux parements	8 »	8 60	8 60	8 85	9 75	10 25	10 75	11 25	11 90	12 75

LAMBRIS, PORTES et EBRASEMENTS assemblés à petit cadre, profil de tout genre, remplis en panneaux à glace avec feuillures, moulures, rainures ou languettes au pourtour.

	TOUT EN SAPIN.		LES BATIS EN CHÊNE ET LES PANNEAUX EN SAPIN.			TOUT EN CHÊNE.		
	ÉPAISSEURS.		ÉPAISSEURS.			ÉPAISSEURS.		
	1'	15 à 18'	1'	15'	18'	1'	15'	18'
Brut derrière.	6 75	7 25	8 10	8 75	9 25	9 50	10 50	11 25
Blanchi derrière.	7 85	8 45	9 45	10 20	10 80	11 5	12 25	13 40
Armé derrière.	8 40	9 5	10 40	10 00	11 55	11 85	13 10	14 5
À double parement.	9 »	9 55	10 80	11 65	12 30	12 65	14 »	15 »

FACES d'Armoires à petit cadre, profil de tout genre, remplies en panneaux à glace et fermant à feuillures sur des dormants de même épaisseur ou de trois lignes de plus.

	TOUT EN SAPIN.		PORTES EN SAPIN, DORMANTS EN CHÊNE.		PORTES CHÊNE, PANNEAU SAPIN, DORMANTS EN CHÊNE.			TOUT EN CHÊNE.		
	ÉPAISSEURS.		ÉPAISSEURS.		ÉPAISSEURS.			ÉPAISSEURS.		
	1'	15 et 18'	1'	15 et 18'	1'	15'	18'	1'	15'	18'
Blanchi derrière.	7 50	8 50	8 50	8 75	9 75	10 25	10 75	11 25	11 85	12 70
Armé derrière.	8 »	9 »	9 »	9 25	10 25	10 75	11 25	11 75	12 35	13 20
À double parement.	9 »	9 60	9 60	9 85	11 »	11 50	12 »	12 50	13 15	14 20

Les Plates-Bandes au pourtour des Panneaux seront payées par toise superficielle.

Pour un parement.	»	50
Pour deux parements	1	»

VOLETS brisés en quatre ou six feuilles, avec feuillures et moulures au pourtour, le pied de hauteur jusqu'à quatre pieds de largeur.

	SAPIN.		LA 1re FEUILLE EN CHÊNE, LES AUTRES EN SAPIN.		CHÊNE.	
1' d'épaisseur — Emboîtés.	»	70	»	80	1	00
La 1re feuille à petit cadre, les autres emboîtées.	»	90	1	»	1	10
Toutes à petit cadre et arasées derrière.	1	40	1	50	1	60
Toutes à petit cadre aux deux parements.	1	50	1	60	1	70
15' d'épaisseur — Emboîtés.	»	80	»	90	1	»
La 1re feuille à petit cadre, les autres emboîtées.	1	»	1	10	1	20
Toutes à petit cadre et arasées derrière.	1	40	1	50	1	70
Toutes à petit cadre aux deux parements	1	60	1	70	1	80

LAMBRIS ou Portes, assemblés à petit cadre, profil de tout genre, jusqu'à vingt-une lignes de largeur, avec un listel ou une baguette embrevée derrière le cadre, remplis en panneaux à glace, quel qu'en soit le nombre, avec feuillures, moulures, rainures ou languettes au pourtour.

LAMBRIS ou Portes, assemblés de même qu'à l'article précédent, mais avec baguettes ou listels rapportés sur les panneaux.

	TOUT EN SAPIN. ÉPAISSEURS.		BATIS EN CHÊNE, PANNEAUX EN SAPIN. ÉPAISSEURS.			TOUT EN CHÊNE. ÉPAISSEUR.		
	1°	15 à 18 l.	1°	15 l.	18 l.	1°	15 l.	18 l.
Brut derrière	8 25	8 75	9 60	10 25	10 75	11 »	12 »	12 75
Blanche derrière	9 35	9 95	10 95	11 70	12 30	12 55	13 75	14 60
Arasé derrière	9 90	10 55	11 60	12 40	13 05	13 35	14 60	15 50
A double parement	12 »	12 55	13 80	14 65	15 30	15 65	17 »	18 »
Brut derrière	9 25	9 75	10 60	11 25	11 75	12 »	13 »	13 75
Blanche derrière	10 35	10 95	11 95	12 70	13 30	13 85	14 75	15 60
Arasé derrière	10 90	11 55	12 80	13 40	14 05	14 35	15 60	16 55
A double parement	14 »	14 85	15 80	16 65	17 35	17 65	19 »	20 »

LAMBRIS ou Portes assemblés à grand cadre embrevés, moulures et de tout genre, remplis en panneaux à glace, quel qu'en soit le nombre, avec feuillures, moulures, rainures ou languettes au pourtour.

		TOUT EN SAPIN. ÉPAISSEURS.		LES BATIS EN CHÊNE, LES CADRES ET LES PANNEAUX EN SAPIN. ÉPAISSEURS.			LES BATIS ET LES CADRES EN CHÊNE, LES PANNEAUX EN SAPIN. ÉPAISSEURS.			TOUT EN CHÊNE. ÉPAISSEURS.		
		1°	15 à 18 l.	1°	15 l.	18 l.	1°	15 l.	18 l.	1°	15 l.	18 l.
De vingt-quatre lignes de profil et au-dessous	Brut derrière	9 50	10 »	11 25	12 50	13 75	13 »	14 25	15 50	14 25	15 50	16 75
	Blanchi derrière	11 »	11 65	13 10	14 50	16 »	15 15	16 60	18 »	16 60	18 05	19 50
	Arasé derrière	11 80	12 50	14 »	15 60	17 15	16 25	17 80	19 30	17 80	19 85	22 90
	A petit cadre derrière	11 80	12 50	14 »	15 60	17 15	16 25	17 80	19 30	17 80	19 30	20 90
	A double parement	12 60	13 30	15 »	16 60	18 30	17 30	19 »	20 60	19 »	20 65	22 20
De vingt-sept à trente-neuf lignes de profil	Brut derrière	10 90	11 40	12 65	13 90	15 15	14 50	15 75	17 »	15 75	17 00	18 25
	Blanchi derrière	12 70	13 30	14 75	16 20	17 65	16 90	18 35	19 80	18 35	19 80	21 30
	Arasé derrière	13 60	14 25	15 75	17 35	18 90	18 10	19 65	21 25	19 05	21 25	22 80
	A petit cadre derrière	13 60	14 25	15 75	17 35	18 90	18 10	19 65	21 25	19 65	21 25	22 80
	A double parement	14 50	15 20	16 85	18 50	20 20	19 30	21 »	22 65	21 »	22 65	24 30

Les Plates-Bandes au pourtour des panneaux seront payées par toise superficielle.

Pour un parement	» 50
Pour deux parements	1 00

PORTES CHARRETIÈRES à un ou deux venteaux avec ou sans guichet, fermant à feuillures ou à gueule de loup; les batis assemblés à tenons et mortaises, les panneaux en frises, embrevés au pourtour avec ou sans baguette.

		TOUT EN SAPIN.			BATIS CHÊNE PANNEAUX SAPIN.			TOUT EN CHÊNE.		
		sans ÉCHARPES.	avec ÉCHARPES.	avec croix de St-André.	sans ÉCHARPES.	avec ÉCHARPES.	avec croix de St-André.	sans ÉCHARPES.	avec ÉCHARPES.	avec croix de St-André.
Les batis 2e à 27 lignes.	Les panneaux de 1e d'épaisseur	10 60	11 80	13 »	12 60	14 20	16 »	14 »	15 80	18 »
	Les panneaux de 15 lig.	11 20	12 40	13 60	13 20	14 80	16 60	14 80	16 60	18 80
	Les panneaux de 18 à 20 lignes	11 80	13 »	14 20	13 80	15 40	17 20	15 60	17 40	19 60
Les batis de 3e d'épaisseur.	Les panneaux de 1e d'épaisseur	13 5	14 25	15 45	15 »	16 65	18 »	16 90	18 90	21 10
	Les panneaux de 15 lig.	13 65	14 85	16 5	15 60	17 25	18 60	17 70	19 70	21 90
	Les panneaux de 18 à 20 lig.	14 25	15 45	16 65	16 20	17 85	19 20	18 50	20 50	22 70
Les batis de 4e d'épaisseur.	Les panneaux de 15 lig.	16 »	17 20	18 40	18 25	20 50	23 »	22 »	25 »	28 »
	Les panneaux de 18 à 20 lig.	16 60	17 60	19 »	18 85	21 10	23 60	22 80	25 80	28 80
	Les panneaux de 21 à 24 lig.	17 35	18 50	19 75	19 60	21 85	24 35	23 80	26 80	29 80

PORTES COCHERES en chêne, à double batis, avec ou sans guichet, fermant à gueule de loup, remplies en panneaux, quel qu'en soit le nombre, à glace ou à plates-bandes, avec clefs dans les joints, avec ou sans baguette.

		D'ASSEMBLAGE, sans moulures.		À PETIT CADRE de 2e à 3e de profil.		A GRAND CADRE EMBREVÉ. De 3e à 4e de profil.			A GRAND CADRE EMBREVÉ. De 4e 1/4 à 5e de profil.		
		A GLACE 2 paremens.	ABASÉES à glace derrière	A GLACE derrière.	A DEUX Paremens	A GLACE derrière.	A PETIT cadre derrière	A DEUX Paremens.	A GLACE derrière.	A PETIT cadre derrière	A DEUX Paremens.
Premier batis de 3e, le deuxième de 2e.	Les panneaux de 1e d'épaisseur	28 »	30 »	36 »	38 50	33 50	36 »	38 »	34 50	37 »	39 »
	Les panneaux de 15 à 18 lig.	30 »	32 »	38 »	40 50	34 20	36 70	38 70	35 20	37 70	39 70
Premier batis de 4e, le deuxième de 27 lignes.	Les panneaux de 15 lig.	30 90	32 90	40 »	42 50	38 70	41 20	44 20	39 70	42 20	45 20
	Les panneaux de 18 à 21 lig.	33 »	35 »	42 »	44 50	39 50	42 »	45 »	40 50	43 »	46 »
Premier batis de 4e, le deuxième de 3e.	Les panneaux de 18 à 21 lig.	34 50	36 45	41 »	43 50	44 50	48 50	51 50	45 50	49 50	52 50
	Les panneaux de 24 lig.	36 70	38 75	43 »	45 50	45 50	49 50	52 50	46 50	50 50	58 »

Les Cloisons grillagées et les Portes vitrées sans traverses ni montants de petit bois, seront développées au-dessus des appuis et payées à la toise courante comme bâtis.

Les appuis de ces cloisons et portes seront comptés en superficie comme lambris.

Les Cloisons et les Portes vitrées qui seront avec traverses et montants de petits bois, la hauteur de l'appui sera prise au milieu de la traverse et comptée comme lambris, le surplus sera compté comme châssis à verre.

Les éventails au-dessus des croisées avec dormants, ayant les petits bois tendant au centre, avec trompillons, verses et petis bois cintrés, seront payés deux fois leur hauteur.

Les Eventails sans dormants seront considérés comme châssis et la surface en sera doublée.

Pour les Portes-Persiennes et les Portes-Croisées, il sera alloué un pied en plus pour le panneau d'appui.

Même plus value sera allouée pour les impostes de croisées dont les châssis ouvriront, et six pouces seulement lorsque ces châssis n'ouvriront pas.

CHASSIS A VERRE assemblés à petit cadre, avec traverses et montants de petits bois élégis de feuillures, moulures, rainures ou languettes au pourtour.

	ÉPAISSEURS.			
	1°	15 l.	18 à 20	2° à 27 l.
Tout en sapin.	6 »	7 »	7 25	9 »
En sapin, les petits bois en chêne.	7 50	8 50	9 »	11 »
Tout en chêne.	8 25	9 50	9 50	12 50
Les Châssis semblables, mais compartis par des carreaux inégaux, vulgairement nommés à galerie ou à mosaïque				
Tout en Sapin.	9 »	11 »	12 »	15 »
En sapin, les petits bois en chêne.	11 25	13 »	14 25	16 50
Tout en chêne.	12 25	14 »	15 35	18 »
Les châssis à verre n'ayant point de montants de petits bois, et connus sous le nom de Châssis à glace, élégis de feuillures, moulures ou languettes au pourtour.				
En chêne et en sapin.	5 25	5 75	6 25	7 25
Tout en chêne.	7 60	8 40	9 20	10 50

Croisées à deux Venteaux en chêne, de 15 lignes d'épaisseur, assemblées carrément, avec montants de petits bois, dormants de 2° d'épaisseur jusqu'à quatre pieds de large, le pied d'élévation. 1 20

Croisées semblables, mais à petit cadre. 1 50

Croisées à glace, châssis de quinze lignes, dormants de deux pouces, à petit cadre. 1 20

Croisées semblables, avec un ventail jusqu'à trois pieds de large. . . . - . . . . » 90

Croisées à deux venteaux et à glace, châssis de dix-huit lignes dormants de 3° à petit cadre. 1 35

Croisées semblables, châssis de 2°, dormants de 3°. 1 70

Croisées semblables, mais avec montants de petitsbois. 2 10

Persiennes à deux Ventauxen chêne, assemblées à lames fixes ou mouvantes, avec ou sans moulures et les traverses élégies jusqu'à quatre pieds de large.

D'un pouce d'épaisseur. 1 10

De quinze lignes d'épaisseur. 1 30

De dix-huit lignes d'épaisseur. 1 40

De 2° à vingt-sept lignes d'épaisseur. . . . . 2 »

Persiennes à un ventail de quinze lignes d'épaisseur jusqu'à deux pieds 9° de large. . . . . » 90

Les Persiennes à lames de sapin seront payées dix centimes de moins par pied.

Le surplus de quatre pieds de large, soit aux Persiennes, soit aux Croisées, sera ajouté simplement à l'élévation, qu'elle que soit sa hauteur.

OUVRAGES à la Toise linéaire.

			UN PAREMENT.		DEUX PAREMENTS	
			SAPIN.	CHÊNE.	SAPIN.	CHÊNE.
Plinthes et Champs unis, corroyés et dressés d'une ou deux rives.	1° d'épaisseur et au-desous	3° et au-dessous	» 10	» 15	» 15	» 20
		3° 1/4 à 5°	» 15	» 20	» 20	» 25
		5° 1/4 à 7°	» 20	» 25	» 25	» 30
		7° 1/4 à 9°	» 25	» 30	» 30	» 35
	15 à 18 lig.	3° et au-dessous	» 15	» 20	» 20	» 25
		3° 1/4 à 5°	» 20	» 25	» 25	» 30
		5° 1/4 à 7°	» 25	» 30	» 30	» 35
		7° 1/4 à 9°	» 30	» 35	» 35	» 40
Alaises et Ebrasements unis, avec languettes, sur une ou deux rives.	1° d'épaisseur et au-dessous.	3° et au-dessous	» 15	» 20	» 20	» 25
		3° 1/4 et à 5°	» 20	» 25	» 25	» 30
		5° 1/4 à 7°	» 25	» 30	» 30	» 40
		7° 1/4 à 9°	» 30	» 35	» 35	» 45
	15 à 18 lig.	3° et au-dessous	» 20	» 25	» 25	» 30
		3° 1/4 à 5°	» 25	» 30	» 25	» 35
		5° 1/4 à 7°	» 30	» 35	» 35	» 45
		7° 1/4 à 9°	» 35	» 40	» 40	» 50

BARRES chanfreinées et posées en place.

			SAPIN.	CHÊNE.
Corroyées d'une face.	1° d'épaisseur.	4° de large et au-dessous	» 25	» 34
		4° 1/4 à 6°	» 30	» 37
	15 à 18 lig.	4° et au-dessous	» 30	» 40
		4° 1/4 à 6°	» 35	» 50
	21 lig. à 2°.	4° et au-dessous	» 33	» 47
		4° 1/4 à 6°	» 42	» 65
Corroyées au pourtour.	1° d'épaisseur.	4° de large et au-dessous	» 30	» 40
		4° 1/4 à 6°	» 35	» 45
	15 à 18 lig.	4° et au-dessous	» 35	» 50
		4° 1/4 à 6°	» 40	» 60
	21 lig. à 2°.	4° et au-dessous	» 45	» 55
		4° 1/4 à 6°	» 50	» 77

			SAPIN.		CHÊNE.	
Batis unis, corroyés sur trois faces, avec nervures, ou corroyés des quatre faces sans nervures.	1° d'épaisseur.	4° de large et au-dessous.	»	30	»	40
		4° 1/4 à 6°........	»	35	»	45
		6° 1/4 à 8°........	»	40	»	50
	15 et 18 lignes.	4° de large et au-dessous.	»	34	»	48
		4° 1/4 à 6°........	»	42	»	60
		6° 1/4 à 8°., ...	»	50	»	70
	2° et 2° 1/4.. .	4° de large et au-dessous.	»	40	»	56
		4° 1/4 à 6°........	»	50	»	77
		6° 1/4 à 8°........	»	62	»	95
	2° 1/2 et 3° 1/4	4° de large et au-dessous.	»	45	»	65
		4° 1/4 à 6°........	»	60	»	95
		6° 1/4 à 8°........	»	75	1	25
	3° 1/2 à 4° 1/4.	4° de large et au-dessous.	»	50	»	75
		4° 1/4 à 6°.......	»	70	1	15
		6° 1/4 à 8°.......	»	85	1	60
Batis corroyés, sur trois faces avec feuillures et nervures, ou corroyés sur quatre faces avec feuillures seulement.	1° d'épaisseur.	4° de large et au-dessous.	»	35	»	50
		4° 1/4 à 6°........	»	40	»	55
		6° 1/4 à 8°........	»	45	»	60
	15 et 18 lignes	4° de large et au-dessous.	»	40	»	57
		4° 1/4 à 6°........	»	47	»	70
		6° 1/4 à 8°........	»	55	»	80
	2° et 2° 1/4.. .	4° de large et au-dessous.	»	45	»	65
		4° 1/4 à 6°........	»	55	»	87
		6° 1/4 à 8°........	»	67	1	05
	2° 1/2 et 3° 1/4.	4° de large et au-dessous.	»	50	»	75
		4° 1/4 à 6°........	»	65	1	05
		6° 1/4 à 8°........	»	80	1	35
	3° 1/2 à 4° 1/4.	4° de large et au-dessous.	»	55	»	85
		4° 1/4 à 6°.......	»	75	1	25
		6° 1/4 à 8°,.......	»	95	1	70

			SAPIN.	CHÊNE.
Batis corroyés sur trois faces, avec feuillures, congés et nervures ; ou corroyés des quatre faces, avec feuillures et congés.	1° d'épaisseur.	4° de large et au-dessous.	» 40	» 55
		4° 1/4 à 6°.	» 45	» 60
		6° 1/4 à 8°.	» 50	» 65
	15 et 18 lignes.	4° de large et au-dessous.	» 45	» 62
		4° 1/4 à 6°.	» 52	» 75
		6° 1/4 à 8°.	» 60	» 85
	2° et 2° 1/4.	4° de large et au-dessous.	» 50	» 70
		4° 1/4 à 6°.	» 60	» 92
		6° 1/4 à 8°.	» 72	1 10
	2° 1/2 et 3° 1/4.	4° de large et au-dessous.	» 55	» 80
		4° 1/4 à 6°.	» 70	1 10
		6° 1/4 à 8°.	» 85	1 40
	3° 1/2 et 4° 1/4.	4° de large et au-dessous.	» 60	» 95
		4° 1/4 à 6°.	» 80	1 35
		6° 1/4 à 8°.	1 »	1 80
Bâtis corroyés des trois faces, avec feuillures, moulures, congés et nervures, ou corroyés des quatre faces, avec feuillures, moulures et congés.	1° d'épaisseur.	4° de large et au-dessous.	» 45	» 60
		4° 1/4 à 6°.	» 50	» 65
		6° 1/4 à 8°.	» 55	» 70
	15 et 18 lignes.	4° de large et au-dessous.	» 50	» 67
		4° 1/4 à 6°.	» 57	» 80
		6° 1/4 à 8°.	» 65	» 90
	2° et 2° 1/4.	4° de large et au-dessous.	» 55	» 75
		4° 1/4 à 6°.	» 65	» 97
		6° 1/4 à 8°.	» 77	1 15
	2° 1/2 et 3° 1/4.	4° de large et au-dessous.	» 60	» 85
		4° 1/4 à 6°.	» 75	1 15
		6° 1/4 à 8°.	» 9	1 45
	3° 1/2 et 4° 1/2.	4° de large et au-dessous.	» 70	1 05
		4° 1/4 à 6°.	» 90	1 45
		6° 1/4 à 8°.	1 10	1 90

Les Batis corroyés d'équerre, tirés d'épaisseur sur la rive et assemblés, seront payés cinq centimes de moins par toise.

	CHÊNE.
Huisseries chêne, 3° carrés, avec feuillures, nervures et congés	» 75
Idem avec moulures et feuillures évasées	» 80
Huisseries de 3° sur 6°, avec feuillures, nervures et congés	» 95
Idem avec moulures et feuillures évasées.	1 05

POTEAUX de devantures de boutiques corroyés, assemblés avec feuillures évasées, congés, doubles feuillures et rainures pour les châssis montés et chevillés.

			SAPIN.	CHÊNE.
3° d'épaisseur	3° à 4° de large.		0 90	1 40
	4° 1/4 à 6°.		1 05	1 60
	6° 1/4 à 8°.		1 30	2 00

POTEAUX de devantures de boutiques semblables aux précédents, mais avec un élégissement sur la face pour former deux listels.

			SAPIN.	CHÊNE.
3° d'épaisseur	3° à 4° de large.		1 05	1 60
	4° 1/4 à 6°.		1 25	1 85
	6° 1/4 à 8°.		1 45	2 30

Les poteaux de devantures, seulement corroyés ou avec rainures ou feuillures, prendront leurs prix dans les classes précédentes de bâtis en augmentant toutefois de quinze centimes par toise.

Les châssis pour devantures de boutiques ou autres qui n'auront pas de traverses ni de montans de petits bois, seront toisés linéairement et payés aux prix suivans, compris feuillures, moulures, rainures, languettes et mise en bois et chevillés.

			SAPIN.	CHÊNE.
1° d'épaisseur	3° de large et au-dessous		0 60	0 85
	3° 1/4 à 4°.		0 70	0 95
	4° 1/4 à 5°.		0 80	1 05
	5° 1/4 à 6°.		0 90	1 15
15 lignes.	3° et au-dessous.		0 65	0 90
	3° 1/4 à 4°.		0 75	1 00
	4° 1/4 à 5°.		0 85	1 10
	5° 1/4 à 6°.		0 95	1 20
18 à 20 lignes.	3° et au-dessous.		0 75	1 00
	3° 1/4 à 4°.		0 85	1 10
	4° 1/4 à 5°.		0 95	1 20
	5° 1/4 à 6°.		1 05	1 30
24 à 27 lignes.	3° et au-dessous.		0 90	1 25
	3° 1/4 à 4°.		1 00	1 35
	4° 1/4 à 5°.		1 10	1 45
	5° 1/4 à 6°.		1 20	1 55

Les **CHASSIS** de comble simples ou fermant à tabatière seront développés, ainsi que leurs petits bois, et payés à la toise linéaire aux prix suivans :

		CHASSIS SIMPLES.	CHASSIS A TABATIÈRE.
De 1° d'épaisseur.	4° de large et au-dessous.	0 60	0 75
	4° 1/4 à 6°	0 65	0 80
De 15 et 18 lignes.	4° et au-dessous.	0 70	0 85
	4° 1/4 à 6°	0 80	0 95
De 2° à 2° 1/4.	4° et au-dessous.	0 80	0 95
	4° 1/4 à 6°	1 00	1 25
De 2° 1/2 à 3° 1/4.	4° et au-dessous.	0 90	1 10
	4° 1/4 à 6°	1 20	1 50

POTEAUX d'angles et de remplissages corroyés et nervés.

		SAPIN.	CHÊNE.
3° d'épaisseur.	3° à 4° de large.	0 30	0 50
	4° 1/2 à 6°	0 45	0 70
	6° 1/4 à 8°	0 60	0 90

Listels de cinq lignes d'épaisseur et au-dessous jusqu'à dix-huit lignes de large.

	SAPIN.	CHÊNE.
Corroyés de toutes faces.	0 15	0 20
Corroyés et posés.	0 20	0 25

Crémaillères d'un pouce de gros entaillées de neuf lignes en neuf lignes.

	SAPIN.	CHÊNE.
Façonnées.		0 35
Posées.		0 45

LONGUEURS DE TÊTE.	LONGUEURS DE CÔTÉ.	HAUTEURS.				
		3° et 4°	4° 1/2 à 6°.	6° 1/2 à 8°	8° 1/2 à 10°	10° 1/2 à 12°
1 pied et au-dessous . . .	1 pied et au-dessous .	1 00	1 15	1 40	1 75	2 05
13° à 18°	1 pied et au-dessous .	1 15	1 35	1 55	1 95	2 15
13° à 18°.	13° à 18°.	1 35	1 55	1 75	2 05	2 35
19° à 2 pieds	13° à 18°.	1 50	1 70	1 90	2 20	2 40
19° à 2 pieds	19° à 2 pieds . . .	1 70	1 90	2 10	2 40	2 70
2 pieds 1° à 2 pieds 6°. . .	19° à 2 pieds	1 85	2 05	2 25	2 55	2 85
2 pieds 1° à 2 pieds 6°. . .	2 pieds à 2 pieds 6° .	2 00	2 20	2 40	2 70	3 00

ESCALIERS à Briquet ou à plusieurs quartiers tournans.

			SAPIN.	CHÊNE ET SAPIN.	CHÊNE.
Limons de 18 à 21 lig.es	A un limon plein.	2 p. 6° et au-dessous	2 00	2 25	2 50
Marches de 15 à 18 lig.		2 p. 7° et au-dessus.	2 25	2 50	2 75
Contre-marches de 1° d'épaisseur.	A deux limons pleins . .	2 p. 6° et au-dessous	2 50	3 00	3 50
		2 p. 7° et au-dessus.	2 75	3 25	3 75
Limons de 2° à 27 lig.	A un limon plein ou découpé.	2 p. 6° et au-dessous	2 50	2 75	3 25
Marches de 18 à 20 lig.		2 p. 7° et au-dessus.	3 00	3 25	3 75
Contre-marches de 1° à 15 lig . .	A deux limons pleins ou découpés	2 p. 6° et au-dessous		4 25	4 50
		2 p. 7° et au-dessus.		4 50	4 75
Limons de 2° 1/2 à 3° 1/2	A un limon plein ou découpé.	2 p. 9° et au-dessous		3 00	3 60
Marches de 2° à 27 lig.		2 p. 10° et au-dessus		3 30	3 90
Contre-marches de 1° à 15 lig . .	A deux limons pleins ou découpés	2 p. 9° et au-dessous		4 50	5 00
		2 p. 10° et au-dessus		4 75	5 25

Les **Escaliers droits** ou en retour d'équerre, avec marches dansantes, les limons assemblés à queues aux angles, seront payés vingt-cinq centimes de moins par marche que ceux ci-dessus.

ESCALIERS sur plan circulaire régulier ou irrégulier.

			CHÊNE.
Limons de 2° à 27 lig.	A un limon plein ou dé-coupé.	2 p. 9° et au-dessous.	4 00
Marches de 18 à 20 lig.		2 p. 10° et au-dessus	4 25
Contre-marches de 1° à 15 lig . .	A deux limons pleins ou dé-coupés	2 p. 9° et au-dessous	5 50
		2 p. 10° et au-dessus	5 75
Limons de 2° 1/2 à 3° 1/2	A un limon plein ou dé-coupé.	2 p. 9° et au-dessous	4 50
Marches de 2° à 27 lig.		2 p. 10° et au-dessus	4 90
Contre-marches de 1° à 15 lig . .	A deux limons pleins ou dé-coupés..	2 p. 9° et au-dessous	6 00
		2 p. 10° et au-dessus	6 25

Il ne sera rien accordé pour les marches palières, les marches du bas chantournées en demi-cercle, et les marches cintrées, quel qu'en soit le nombre.

Tous ces prix d'escaliers comprennent le montage à l'atelier et la pose en ville, le relevé et découpement des calibres, le tracé des courbes sur les charpentes et la pose des boulons d'assemblage.

Pour les paliers pleins l'on déduira la largeur d'une marche, et le surplus sera compté en superficie.

Les escaliers qui seront blanchis dessous seront augmentés de vingt-cinq centimes par marche.

Les crémaillères droites ou cintrées seront payées à la toise courante aux prix ci-dessous.

15 à 18 lig.	BRUTES.		CORROYÉES.	
Droites.	0	70	1	20
Cintrées en élévation . . .	1	20	1	75
cintrées en plan et élévation.	1	80	2	40

24 à 30 lig.	BRUTES.		CORROYÉES.	
Droites	1	20	1	50
Cintrées en élévation . . .	1	80	2	25
Cintrées en plan et élévation.	2	40	2	75

Pour copie conforme :

Les Membres du Bureau de la Chambre syndicale,

GORET,   **GODEY,**   **DIDIER,**   **LECHARTIER,**

Président,   Trésorier,   Secrétaire,   Syndic.

Imprimerie de J.-R. MEVREL, passage du Caire, 54.

Die Mütter haben durch das SCtum
Tertull. n. Erbrecht am Vermögen
der Kinder - Es gingen ihr aber
dabey vor:
1) Die Kinder des Verstorbenen, (m[as]
sui s[ind] oder (wie z. B. die emancipati)
den suis gleichgestellt s[ind].
2) Der Vater des ver[st]. Kindes (nicht der
Großmütter)
3) Des ver[st]. Kds. Brüder, mit ihm einer
gemeinschaftl. Vater hatte (fratres con-
sanguinei)
Hingegen neben sororibus consanguineis
... allein verbunden wären er, erhielt
die Mütter die Hälfte des ganzen
Vermögens.

Pater familias - ius occupandi.

A Monsieur le Ministre du Commerce et des Colonies

MONSIEUR LE MINISTRE,

J'ai l'honneur d'appeler votre attention sur l'emploi illégal qui est fait, en matière de dépotages de liquides spiritueux, de mesures proscrites par l'article 3 de la loi du 4 juillet 1837. On peut dire à cet égard, sans crainte d'être démenti, que les lois sur le système métrique sont absolument méconnues, même par ceux qui ont mission de les faire respecter. Je veux parler des municipalités qui ont conservé le monopole du poids public, et qui n'hésitent pas à armer leurs dépoteurs-jurés d'instruments non poinçonnés, qui tombent sous l'application de l'article 479 du Code pénal.

Un court historique de la législation sur les poids et mesures est ici nécessaire pour expliquer l'origine de l'état anormal que j'ai l'honneur de vous signaler, en vous priant de vouloir bien y mettre un terme.

En ce qui concerne les mesures de capacité destinées aux grandes opérations de dépotage, la loi du 4 juillet 1837 établit une catégorie de mesures dites *hors série*, qui sont comprises dans le tableau B annexé à la loi. Ces mesures sont : le double-décalitre, le décalitre, le demi-décalitre et le litre.

Malheureusement, la forme de ces mesures, dont l'emploi a été rendu obligatoire à partir du 1er janvier 1840, s'est heurtée aux nécessités de la pratique.

Ces mesures doivent être parfaitement cylindriques ; en d'autres termes, le cylindre doit avoir la même section dans toute sa hauteur.

Il suit de là que l'ouverture étant fort large, le remplissage rigoureux de l'instrument réclame d'infinies précautions qui exigent une grande lenteur de mouvements pour mener l'opération à bonne fin.

D'autre part, c'est encore avec lenteur qu'il faut vider le décalitre, en lui donnant le temps de bien s'égoutter avant de le remplir à nouveau. L'opération traîne donc en longueur et devient même impraticable lorsqu'il s'agit d'un fort lot de futailles à dépoter ; car, dans ce cas, comme lorsqu'il s'agit d'un seul fût, tout le liquide, de la première à la dernière barrique, doit passer dans le décalitre, c'est-à-dire dans une mesure relativement petite. C'est là le motif invoqué par les dépoteurs-jurés pour justifier leur refus de se soumettre à la loi de 1837, en adoptant les mesures *hors série* comprises dans le tableau B annexé à cette loi.

Pour tourner la difficulté qui résultait de la largeur de l'ouverture des décalitres et de leur peu de capacité, les dépoteurs imaginèrent d'étrangler cette ouverture, de manière a faire prendre au décalitre la forme d'un broc qui, tout en permettant d'aller vite en besogne, se prête admirablement à la fraude. D'autre part, pour aller encore plus vite, les dépoteurs se bornent à mesurer avec le *décalitre-broc* la première futaille du lot à dépoter. Ce fût, qui prend alors le nom peu justifié de *barrique-étalon*, sert ensuite à mesurer toutes les autres futailles, le décalitre et le litre ne servant plus que pour déterminer les différences de contenances entre le *fût dit étalon* et les autres.

Inutile de dire que cette manière de procéder permet à un dépoteur habile de faire accuser à une futaille la contenance qu'il lui plaît sans que personne puisse s'apercevoir de la supercherie.

Quoi qu'il en soit, l'administration des poids et mesures s'est toujours refusée, avec raison, de poinçonner les décalitres qui ont la forme de brocs, de même qu'elle n'a pas voulu accepter, avec plus de raison encore, qu'une futaille pût être transformée en mesure. Toutefois, malgré ces refus, les brocs et les *barriques-étalon* constituent, avec les dépotoirs, les mesures généralement employées par les dépoteurs-jurés, même lorsqu'ils opèrent sur la réquisition de la régie et sous les yeux des employés.

En fait donc, la loi du 23 juin 1837 n'a apporté aucune modification dans les usages des dépoteurs, pour lesquels les règles tracées par le système métrique sont demeurées lettre morte.

Cette absence de mesures légales pratiques plaçait l'administration des Contributions indirectes dans une situation des plus fausses, en ce sens qu'elle ne pouvait compter que sur l'ignorance du commerce pour lui imposer le contrôle de dépoteurs, vérifiant sur réquisition les contenances à l'aide d'instruments non poinçonnés, qui tombent sous le coup de l'article 479 du Code pénal.

La Régie était donc forcée de paraître s'associer à la violation de la loi chaque fois qu'elle ne se trouvait pas en face d'un assujetti avisé qui répudiait le contrôle des dépoteurs. C'est le désir fort légitime de sortir de cette impasse qui a poussé la Régie à agrandir un peu ses attributions en empié- tant d'autant sur celles de l'ancien Comité consultatif des poids et mesures, devenu aujourd'hui le Comité national du même nom. La Régie tenait abso- lument à créer au plus tôt une mesure pratique qu'elle pût légalement imposer. Or, la hâte qu'elle avait d'atteindre son but lui a un peu fait négliger l'étude des moyens pratiques; aussi est-on forcé de reconnaître que les louables efforts qu'elle a pu tenter sont demeurés absolument stériles.

Je relève la preuve de cette impuissance, fort excusable assurément chez une administration étrangère aux questions techniques relatives aux poids et mesures, dans l'article 3 de la loi du 23 juin 1873, qui a été inspirée par l'administration des contributions indirectes.

« Le dépotoir cylindrique à échelle, dit cet article, de même que tout « dépotoir dont l'exactitude aura été constatée par les vérificateurs des « poids et mesures, sera désormais placé au nombre des mesures légales « et poinçonné par lesdits vérificateurs. »

Je démontre, dans un mémoire joint à ma lettre, qu'il est matérielle- ment impossible de vérifier la contenance d'un grand dépotoir et, consé- quemment, de le poinçonner. Il me suffit de constater ici, que, huit ans après la promulgation de la loi de 1873, il n'existe pas encore de dépotoirs poinçonnés même à l'entrepôt de Paris.

L'impossibilité de vérifier les grands dépotoirs a du reste été si bien reconnue, qu'un décret, en date du 16 novembre 1875, est venu, à son tour, essayer de combler la lacune que la loi de 1873 avait été impuissante à remplir. C'est, en effet, dans ce but que le décret auquel je fais allusion a ajouté l'*hectolitre* aux mesures hors série du tableau B annexé à la loi de 1837.

On espérait que la grandeur relative de cette dernière mesure dimi- nuerait la longueur des opérations de mesurage et que, par suite, ce mode pourrait s'imposer. On s'est heurté ici aux lois de transformation, qui veu- lent que ce que l'on gagne en vitesse doit se perdre en force. Il faut, en effet, deux hommes pour remuer une grande mesure. D'autre part, cette célérité qu'on recherche est loin d'être obtenue, ou si l'on l'obtient, c'est au détriment de l'exactitude; car, il faut beaucoup de temps pour faire rigoureusement le plein de l'hectolitre, dont l'ouverture a un diamètre bien plus grand que celui du décalitre déjà trouvé trop large par les dépoteurs. L'hectolitre, qui n'est employé que dans quelques brasseries peu sou- cieuses de mesurer rigoureusement des liquides de peu de valeur, a donc été trouvé fort incommode et peu susceptible, en raison précisément de la largeur de son ouverture, de fournir des dépotages exacts.

C'est ainsi que l'Administration des contributions indirectes, pour pallier dans une certaine mesure la pauvreté des instruments de contrôle dont elle peut disposer, a appliqué, par sa Circulaire n° 295, en date du 11 août 1880, le pesage métrique aux distilleries, en s'inspirant de mes publications et de mes travaux sur la matière, de même que des communications particulières que j'ai eu l'honneur de lui faire.

Mais cette mesure, qui ne peut s'appliquer qu'aux alcools et aux distilleries, est forcément incomplète. Ce n'est là qu'une demi-mesure qui demande à être étendue et rendue dans ce but applicable partout et à tous les liquides.

C'est précisément là l'objectif que je me suis proposé d'atteindre, en combinant le pesage, dont le principe a été admis par la circulaire 295, du 11 août 1880, avec les prescriptions de l'article 3 de la loi du 23 juin 1873 sur les dépotoirs.

En combinant le pesage avec le mesurage, il m'a été d'abord possible de réduire à dix litres la capacité des dépotoirs ; ce qui permet aux vérificateurs des poids et mesures de s'assurer de leur exactitude et de les poinçonner. D'autre part, la bascule, en se substituant à la main peu sûre des dépoteurs, évite toute erreur, en même temps qu'elle dispense de remplir et de vider alternativement la mesure, ce qui permet d'opérer avec une rapidité qu'on ne saurait atteindre avec un autre moyen — et cela sans nuire à l'exactitude L'appareil qui remplit ce but porte le nom de bascule densi-volumétrique. Il a été soumis à l'examen du Comité national des poids et mesures (section de métrologie) qui l'a accepté.

Il a été adopté ensuite par la ville de Paris pour l'Entrepôt du quai Saint-Bernard et pour Bercy. D'un autre côté, la Chambre syndicale du commerce en gros des vins et spiritueux de Paris a demandé à M. le Préfet de la Seine que mon instrument soit accepté par l'administration à titre de mesure officielle, — les dépotoirs ne pouvant remplir cet emploi puisqu'ils ne sont pas poinçonnnés — et ne peuvent pas l'être.

Cet instrument, admis aux formalités du poinçonnage, est donc parfaitement légal, alors que les autres systèmes en usage ne le sont pas et que ceux que la loi autorise ne peuvent être employés. A ce titre il se recommande à votre haute protection, et je suis autorisé à invoquer en sa faveur, contre ceux qui se servent de mesures illégales, telles notamment que des jauges, des dépotoirs non poinçonnés, des brocs ou des barriques dites étalon, les rigueurs de la loi du 4 juillet 1837.

La question des jauges, employées par les Octrois et par la Régie comme moyen rapide de vérification, mérite surtout d'attirer votre attention.

Leur parfaite illégalité n'est pas contestable, et l'interdiction de s'en servir, si l'on s'en réfère à la loi de 1837, ne saurait être douteuse.

Vainement les Octrois et la Régie, pour justifier l'emploi de ces instruments, dont font également usage les dépoteurs-jurés de Marseille, soutiennent-ils qu'il n'est entre leurs mains qu'un moyen d'appréciation, toujours prêt à s'incliner devant le mesurage. La loi est formelle ; la jauge n'étant ni admise par le Comité national des poids et mesures, ni comprise dans la série des mesures du système métrique, doit être supprimée.

Vainement objecte-t-on encore qu'il serait impossible de faire procéder, à l'entrée et à la sortie, au mesurage de tous les liquides ; que, par suite, la jauge est indispensable pour appeler l'attention des employés sur les fûts d'une contenance suspecte.

Cette raison est sans valeur, car les dépotages par épreuve offrent une garantie autrement sérieuse à l'Administration que les appréciations toujours erronées d'une jauge. Du reste, en dehors de l'illégalité, il y a un côté moral qui repousse le jaugeage.

N'est-il pas vrai, en effet, que tout assujetti qui passe à la barrière aurait le droit de s'opposer à la vérification des futailles à l'aide de la jauge, et même de sommer tout agent de l'autorité d'avoir à confisquer de pareils instruments? S'il en est ainsi, une pareille vérification, qui est la violation formelle des lois sur le système métrique, ne repose donc que sur l'ignorance du Commerce, qui la subit sans se douter qu'il a le droit de s'en affranchir.

Quoi qu'il en soit, la loi est formelle : la jauge doit être supprimée, en laissant à l'administration la ressource, pour couper court à la fraude, de supprimer la tolérance en matière de déclaration, et de procéder à de rigoureux dépotages, par épreuve, à l'aide du pesage substitué au mesurage, comme l'a du reste proposé M. Jean David, député du Gers, dans un projet de loi pris en considération, en 1880, par la Chambre des députés.

Je viens donc, en toute confiance, en me plaçant sous l'égide des lois, qui doivent être égales pour tous, vous prier, Monsieur le Ministre, de vouloir bien donner des instructions aux services spéciaux pour faire cesser les abus signalés dans ma lettre.

J'ai l'honneur, en même temps, d'appeler votre attention sur les pièces que je joins à ma lettre pour justifier la légitimité de ma demande.

Veuillez je vous prie agréer, Monsieur le Ministre, l'assurance de mon profond respect.

T. SOURBÉ.

LES DÉPOTOIRS

L'article 3 de la loi du 23 juin 1873 dit ce qui suit : « Le dépotoir
« cylindrique à échelle, de même que tout dépotoir dont l'exactitude aura
« été constatée par les vérificateurs des poids et mesures, sera désormais
« placé au nombre des mesures légales et poinçonné par lesdits vérifica-
« teurs. »

Les inspirateurs de la loi du 23 juin 1873 n'avaient pas prévu que, la
vérification des dépotoirs de grande dimension étant matériellement impos-
sible, la loi demeurerait lettre morte en ce sens que les vérificateurs se refu-
seront toujours à les poinçonner.

Il suffit, du reste, de passer en revue les moyens de vérification dont
on dispose, pour se convaincre que les grands dépotoirs ne pourront
jamais être poinçonnés. Mais avant de passer en revue les moyens de véri-
fication, il importe de rappeler que les instructions, jointes à la loi de 1837,
veulent que « LA TOLÉRANCE EN MATIÈRE DE MESURES DE CAPACITÉ NE DÉPASSE
PAS $\frac{1}{500}$ ». Toute mesure de capacité qui s'écartera de cette limite rigoureuse
ne peut être poinçonnée par les vérificateurs, et aucune exception à cette
règle n'a été faite pour les dépotoirs.

On conçoit donc déjà combien est délicate et minutieuse l'opération qui
consiste à vérifier si un dépotoir, qui a parfois une contenance de dix hec-
tolitres, ne s'écarte pas de plus de $\frac{1}{500}$ de la vérité idéale.

VÉRIFICATION GÉOMÉTRIQUE. — Le premier des moyens qui se présente à
l'esprit pour faire une vérification rigoureuse est la vérification géomé-
trique. Malheureusement cette opération se heurte à des difficultés insur-
montables, lorsqu'on veut l'appliquer à de grands dépotoirs.

Un dépotoir se compose essentiellement d'un cylindre de grand
diamètre, auquel est accolé un tube de verre où le niveau apparent du
liquide doit donner l'indication exacte du cube de liquide contenu dans
l'ensemble de l'appareil.

Les dépotoirs de cette catégorie sont généralement construits en bois
ou en tôle de fer ou de cuivre. Nous écarterons tout d'abord ceux de bois,
pour deux raisons; savoir : 1° Parce que la chaleur et l'humidité, qui font
sans cesse travailler le bois, altèrent à chaque instant la contenance des
dépotoirs de cette nature et la font varier de plus de $\frac{1}{500}$. 2° Parce que les
dépotoirs en bois ne présentent pas une forme géométriquement définie; ce

qui oblige de faire usage, pour le cubage, d'une formule empirique qui ne présente qu'une exactitude relative. L'intérieur d'un dépotoir en bois n'est pas arrondi comme l'extérieur. Autrement dit la section d'un dépotoir en bois ne présente pas une circonférence, mais un polygone d'autant de côtés qu'il y a de douves dans le dépotoir. On conçoit donc que la formule empirique qui pourrait s'appliquer à un type levé à un certain nombre de douves devienne inexacte pour un autre type qui renferme un nombre différent de douelles. D'ailleurs, la surface de ces dernières présente plus ou moins d'aspérités ou de creux. 3° Parce qu'il serait trop facile à un dépoteur peu scrupuleux, après avoir obtenu le poinçon, de modifier la contenance de son dépotoir à sa guise, en faisant monter ou descendre les cercles à coups de maillet, sauf à leur faire reprendre leur place primitive après le dépotage.

Quant aux dépotoirs métalliques, qui présentent un peu plus de garanties, ils sont, comme il a été dit, en tôle de fer ou de cuivre, rivée suivant une ou plusieurs génératrices, et suivant sa circonférence inférieure.

Pour en permettre le cubage géométrique, il faut :

1° Que le fond soit parfaitement plan, ou d'une forme courbe parfaitement fixe et déterminée exactement;

2° Que le cylindre soit absolument de même section dans toute sa hauteur, et que cette section soit de forme telle qu'on en puisse calculer la surface;

3° Que l'on connaisse exactement les détails du tube en verre et de ses embranchures.

Ces diverses conditions sont pratiquement irréalisables quand le dépotoir est en tôle; en effet, d'une part le fond ne peut guère être bien plan, et, s'il a été obtenu bien régulier à la construction, il ne le restera pas à l'emploi : Sous l'influence des moindres variations de température, il prendra une forme gondolée irrégulière; d'autre part, la section du cylindre, très voisine d'un cercle, ne peut en réalité se confondre avec un cercle parfait, quand ce ne serait qu'à cause des coutures rivées; de plus, cette section s'ovalise forcément sous la pression du liquide intérieur, de telle sorte que le volume contenu est plus petit que le cubage obtenu sur l'appareil vide.

Remarquons encore que les volumes des ajutages destinés au robinet d'écoulement et au tube de verre ne peuvent pas être obtenus exactement par des mesures simples, car le raccordement de ces pièces avec la tôle a toujours une forme courbe assez complexe; quant au tube de verre lui-même, on peut le calibrer exactement, et il n'apporte pas de nouvelles causes d'erreur.

Pour obtenir un dépotoir que l'on puisse cuber géométriquement, il faut avant tout assurer sa parfaite rigidité ; il faut ensuite pouvoir l'aléser circulairement. Ces résultats peuvent s'obtenir avec la fonte de fer ou de bronze. La première matière sera difficilement admise à cause de la rouille qui s'y attache assez rapidement.

Il est vrai que, pour éviter cet inconvénient, les instructions ministérielles, données aux vérificateurs, portent que toutes les mesures de capacité destinées aux liquides doivent être étamées ou revêtues d'une couche de métal non oxydable. Malheureusement, l'étamure a la propriété de nuire à la limpidité des alcools ; aussi, pour se conformer aux instructions, serait-on forcé de substituer l'argenture à l'étamure, ce qui serait fort coûteux, étant donnée l'énorme surface d'un grand dépotoir. Il résulte de ce qui précède qu'il faut écarter la fonte de fer pour la construction des dépotoirs. Il en est de même de la fonte de bronze, dont le prix est fort élevé. Un dépotoir de 1 mètre pèserait au moins 500 kilos, et vaudrait au moins 2,000 francs, s'il était construit en bronze. Ce sont là cependant les deux solutions pratiques pour un dépotoir susceptible d'être cubé géométriquement. En planant le fond au tour, en alésant l'intérieur du cylindre, en perçant des trous parfaitement cylindriques pour le robinet et pour le tube de verre, on arriverait au résultat demandé avec une assez grande précision.

Mais l'appareil, même construit ainsi, ne donnerait pas des indications exactes : il y aurait à faire subir la correction de la capillarité aux mesures prises sur le tube de verre extérieur ; or cette correction dépend du diamètre du tube de verre ; il faudrait donc, pour chaque appareil, calculer et tenir en note la correction spéciale ; peut-être même faudrait-il établir un tableau des corrections variables avec les divisions trouvées sur le tube, parce qu'il est fort difficile d'obtenir un tube de verre de 1 mètre de longueur et d'un diamètre régulier dans toute son étendue.

De là résulte que la construction d'un dépotoir parfait n'est pas impossible, mais qu'elle exige une masse importante de fonte argentée ou de bronze, une étude géométrique exacte de l'appareil parfaitement alésé dans toutes ses parties, une étude du calibre du tube de verre, et la préparation d'une table de corrections spéciale pour chaque appareil. Toutes ces opérations, possibles dans un laboratoire de physique, paraissent impraticables dans l'industrie, et les résultats qu'elles donneraient entre des mains peu exercées ne vaudraient pas mieux que l'estimation du cube d'un dépotoir ordinaire quelconque, au moyen de l'empotement.

Vérification par empotement. — Ici, la première question qui se pose est de savoir quelle est la *mesure-étalon* dont les vérificateurs des poids et mesures doivent se servir pour vérifier légalement un dépotoir.

Doivent-ils se servir du décalitre ou du litre ?

Evidemment c'est du *litre-étalon à disque de verre*, puisque les graduations de l'échelle du dépotoir doivent être exprimées en litre et que la tolérance de $\frac{1}{500}$ ne doit pas porter sur la capacité totale du dépotoir mais se subdiviser litre par litre, autrement dit graduation par graduation, opération qui oblige le vérificateur, à chaque litre versé, de tenir compte de l'écart qui existe entre le niveau qu'il obtient et la graduation marquée sur l'échelle pour bien s'assurer que la tolérance de $\frac{1}{500}$ n'a pas été dépassé; ce qui complique singulièrement la vérification — et là rend même à peu près impossible, parce que les évaluations portent ici sur des infiniment petits lorsqu'elles s'appliquent au litre.

Il est essentiel de remarquer qu'on ne peut pas, dans le but de faciliter l'opération, emporter tranche par tranche, avec le décalitre, sauf ensuite à diviser géométriquement chaque tranche en dix parties d'égale hauteur, correspondant chacune au litre, puisque la partie du cylindre comprise entre deux tranches n'appartient pas plus que l'ensemble du dépotoir à un vase d'une forme géométriquement régulière.

Il faut donc, de toute nécessité, si l'on veut opérer régulièrement, renoncer à diviser géométriquement les tranches, puisqu'on renonce à la division géométrique de l'ensemble. Conséquemment on est tenu, pour rester dans la légalité, d'adopter, comme *étalon d'empotement*, la plus petite des mesures qu'on veut marquer sur l'échelle du dépotoir.

Dans l'espèce, l'étalon indiqué est le litre, qu'il faudra remplir et vider 1,000 fois pour graduer les grands dépotoirs de l'Entrepôt de Paris.

Il n'y a pas exagération, si l'on veut bien remplir le litre en prenant toutes les précautions usitées dans les vérifications sérieuses, à évaluer à 5 minutes par litre le temps que prendra le remplissage, et à 5 autres minutes le temps de le vider, celui de laisser égouter le liquide, ainsi que celui de laisser reposer le liquide troublé par le jet du dernier litre versé dans le dépotoir. Ce n'est, en effet, que lorsque les oscillations du niveau ont cessé qu'on peut le relever. Il suit de là que la vérification d'un dépotoir de 10 hectolitres durera au moins 166 heures, soit 16 journées 1/2 de travail de 10 heures ; ce qui démontre que c'est à tort qu'on a la prétention de graduer les dépotoirs, litre par litre, comme on l'a fait à Paris.

Les graduations d'un dépotoir ne peuvent donc pas être au-dessous de dix litres. Mais, même en admettant une vérification par décalitre, il est facile de prouver que l'opération n'est pas pratique.

Dans ce cas, nous évaluerons à un quart d'heure par décalitre le temps de remplir exactement la mesure et de contrôler le plein en plaçant le disque en verre sur le décalitre, le temps de vider le décalitre, celui-ci de le laisser égoutter et d'attendre le repos du liquide troublé par le jet du dernier décalitre liquide versé dans le dépotoir, ainsi que l'évaluation de l'écart qui existe entre le niveau et la graduation pour s'assurer que l'écart ne dépasse pas la tolérance de 1/500.

Or, même en ne vérifiant que décalitre par décalitre, il faut 25 heures de vérification ou 2 journées 1/2 de travail de 10 heures. C'est beaucoup trop.

Comme on le voit, l'opération devient longue et dispendieuse. Cette longueur a surtout pour conséquence fatale de nuire dans des proportions considérables à l'exactitude de l'opération, de telle sorte que le vérificateur ne peut jamais être certain d'avoir opéré au 1/500 en plus ou en moins d'écart.

Il est constant, en effet, qu'une opération de cette nature est toujours fausse lorsqu'elle ne peut être menée à bonne fin dans l'espace de deux ou trois heures au plus. En voici le motif :

Pour que l'opération soit exacte, il est indispensable que la densité du liquide employé dans l'empotement reste constamment la même pendant toute la durée de la vérification. Il ne faut pas perdre de vue à cet égard que le moindre changement de température fait dilater ou contracter le liquide déjà versé dans le dépotoir; ce qui provoque sur les graduations qui restent à marquer au haut de l'échelle une erreur égale à la contraction ou à la dilatation qui se produit sur le volume du liquide versé; d'où la nécessité d'opérer très rapidement et d'employer un liquide sur lequel les variations de température aient le moins d'influence possible, comme, par exemple, l'eau; car si, comme dans certains pays, on se servait d'alcool à 65 degrés, on aurait une contraction ou une dilatation de 0.10 0/0 par degré de température en plus ou en moins. L'emploi de l'eau est donc indispensable, de même qu'un décalitre d'une forme telle qu'on puisse opérer avec moins de lenteur que dans le premier cas.

Nous allons voir que la modification de la forme des décalitres, de même que l'emploi de l'eau créent eux-mêmes de nouveaux obstacles à la vérification des dépotoirs.

La meilleure forme à donner au décalitre serait celle d'une bouteille à goulot fermée par un robinet surmonté lui-même d'un entonnoir. Des expériences devraient être faites sur le temps nécessaire pour obtenir un égouttage complet avant de remplir à nouveau la mesure.

L'égouttage, étant donnée la forme du décalitre, serait plus long à obtenir qu'avec un décalitre ouvert; mais il y aurait compensation en ce sens que le remplissage serait plus rapide. Toutes choses étant tenues en ligne de compte, on peut évaluer à dix minutes le temps de remplir et de vider le décalitre; ce qui porte à seize heures environ la durée de la vérification d'un dépotoir de 10 hectolitres, soit une journée et demie.

Si l'on choisit un temps bien favorable, on peut espérer, en empotant avec de l'eau, éviter de trop grandes dilatations ou contractions du liquide. Mais ce mode, qui n'est pas même absolument irréprochable, exige deux choses, savoir :

1° Que les décalitres fermés soient considérés comme des mesures légales ;

2° Que les dépotoirs, au lieu d'être fermés, restent constamment ouverts dans toute leur partie supérieure.

En voici les motifs :

C'est le constructeur du dépotoir qui gradue cet instrument, tandis que le vérificateur des poids et mesure n'a mission que de vérifier l'exactitude de la première opération avant d'apposer son poinçon. Or, sous peine de parler deux langues différentes et de ne jamais s'entendre, la graduation de l'échelle d'un dépotoir doit être faite avec un instrument identique à celui qui sera ultérieurement chargé de faire la vérification. Or, si l'on admet que le décalitre fermé est indispensable au vérificateur pour contrôler sérieusement la graduation de l'échelle d'un dépotoir, on reconnait implicitement qu'il est impossible de faire une bonne graduation sans le décalitre fermé. Conséquemment le décalitre fermé doit être mis entre les mains du constructeur du dépotoir s'il est mis entre celles du vérificateur. Cet instrument, avant d'être mis à la disposition du public, doit donc être admis par la loi au rang des mesures légales; ce qui serait en contradiction avec les règles du système métrique.

Je dis, en outre, que les dépotoirs doivent toujours avoir le dessus ouvert afin de permettre à l'opérateur de chasser, à l'aide d'une baguette, les bulles d'air qui tapissent les parois intérieures du dépotoir au fur et à mesure qu'on le remplit de liquide.

Les bulles d'air jouent, en effet, un rôle considérable en matière de dépotages. Pour s'en convaincre et juger de son importance, il suffit de verser d'abord dans un dépotoir une barrique d'eau, et de refaire ensuite la même opération avec la même barrique pleine d'alcool. L'échelle du dépotoir marquera deux contenances différentes pour la même barrique si l'on n'a pas eu la précaution de chasser les bulles d'air, car ces dernières sont plus nombreuses lorsque le dépotoir est plein d'eau que lorsqu'on y verse de l'alcool. Si donc on oublie de chasser les bulles d'air, il se produit une erreur double pendant le mesurage.

Voici, en effet, le phénomène qui se produit : — Etant donnée une barrique pleine versée dans un dépotoir, le volume du liquide augmente de toutes les bulles d'air accrochées aux parois intérieures du dépotoir, — et l'échelle accuse une contenance supérieure à celle de la futaille. Lorsqu'on vide le dépotoir pour restituer au fût son liquide, la barrique, aux parois intérieures de laquelle s'attachent également des bulles d'air, ne peut plus contenir tout le liquide versé dans le dépotoir, qui garde le surplus ; chose qui passe toujours inaperçue, parce que cet excédent se trouve généralement absorbé par ce qu'on est convenu d'appeler le déchet de dépotage. Mais ce déchet, qui se produit sur la première futaille, a des conséquences qui se font sentir sur la série de tous les fûts qu'on dépote à la suite. Voici l'explication de ce phénomène.

Le déchet du premier fût a été absorbé par les parois intérieures du dépotoir, dont la capacité se trouve diminuée d'autant, alors que les gradations de l'échelle demeurent à la même hauteur. Il suit de là que l'échelle, une fois que les parois auront été humectées, accusera toujours, pour les fûts suivants, une contenance supérieure à leur contenance réelle.

Voilà pourquoi l'erreur de contenance du premier fût se reproduisant sur tous les autres, il est nécessaire de chasser avec soin les bulles d'air, et, pour cela, de tenir ouverte la partie supérieure de la mesure.

Mais ici se présente une difficulté sérieuse; on est forcé de placer au-dessus du dépotoir une charpente susceptible de supporter le poids des fûts pleins qu'il s'agit de verser dans le dépotoir; — car l'emploi d'une pompe serait repoussé pour certains liquides, auxquels une trop grande agitation est nuisible.

Conséquemment, l'ouverture des dépotoirs se trouvant obstruée, les bulles d'air restent accrochées aux parois intérieures de l'appareil et viennent ainsi augmenter le volume du liquide.

C'est pour tous les motifs qui viennent d'être énumérés et qui chacun, pour sa part, vient altérer le résultat final, que je persiste à dire qu'il est matériellement impossible de vérifier un dépotoir, soit géométriquement, soit par empotement, à moins que la loi, qui n'accorde qu'une tolérance de $\frac{1}{500}$, ne porte cette tolérance à 1 0/0, minimum des erreurs des mesurages les mieux faits. Je relève ce chiffre dans un rapport de la Chambre de commerce de Bordeaux, en date du 11 décembre 1873.

J'ajoute que, pour qu'un dépotoir puisse être vérifié, il est indispensable qu'un dépoteur peu scrupuleux ne puisse pas tricher sur le niveau en calant après coup le dépotoir, soit sur le devant, s'il veut faire un *dépotage court*, soit sur le derrière, s'il veut faire un *dépotage long*. Il suffit d'une déviation de niveau d'un millimètre, toujours très facile à obtenir même lorsque le dépotoir serait scellé sur son socle, pour obtenir une erreur d'autant plus forte que le diamètre du dépotoir est plus grand ; aussi ne s'explique-t-on pas l'idée de rendre les dépotoirs mobiles, car la mobilité, en dépit de tous les niveaux à bulle d'air, se prêterait admirablement à la fraude, — dont il serait trop long d'énumérer la variéte infinie des moyens, en partie décrits, du reste, dans le projet de loi de M. Jean David, député du Gers, sur la substitution du pesage des liquides à leur mesurage.

Le dépotoir étant l'instrument par excellence des fraudeurs (*voir le projet de loi de M. Jean David, pris en considération par la Chambre des députés*, 22 *juillet* 1879), voici les moyens pratiques de les vérifier :

Le dépotoir doit, non seulement être scellé sur son socle, mais se trouver, en outre, entouré d'une maçonnerie jusqu'à une certaine hauteur, de façon à éviter qu'on ne puisse pas altérer le niveau du liquide en introduisant des coins entre le fonds et le socle, dont la ligne de jonction doit se trouver protégée par une maçonnerie.

Le dépotoir, ainsi fixé, devrait être rempli de liquide jusqu'au haut et les bulles d'air chassées.

Le niveau du haut, une fois arrêté, on devrait décanter le liquide, décalitre par décalitre, en déterminant le volume des décalitres à l'aide d'une bascule ; autrement dit, on devrait substituer le pesage au mesurage pour graduer et vérifier les dépotoirs.

Mais, ici encore, on se heurte à de sérieuses difficultés :

1° Pour opérer ainsi, il faut étendre à tous les prescriptions du décret qui a servi de base à la circulaire de la Régie, du 11 août 1880, qui a imposé le pesage aux distilleries ;

2° Ce principe admis et consacré par une loi en matière de graduation de dépotoirs et de vérification, il en découle cette conséquence que la bascule devient l'étalon des dépotoirs, dont les défenseurs, en acceptant un pareil vasselage, reconnaîtraient l'inutilité de la mesure qui a leur prédilection ;

3° En admettant même ce principe, il deviendrait nécessaire, pour son application, de déterminer préalablement la densité du liquide dont on veut faire usage. La chose est facile, si l'on veut opérer avec de l'alcool, pas avant toutefois qu'une loi, et non une circulaire de la Régie, donne sa sanction à des tables de densité préalablement vérifiées par l'Académie des sciences. Si l'on laisse de côté l'alcool, qu'il n'est du reste pas possible d'avoir sous la main dans la généralité des cas, pour lui substituer l'eau, le problème se complique, et il devient bien difficile de déterminer scientifiquement la densité de l'eau au moment précis où l'on doit en faire usage ;

4° Il ne reste qu'un moyen, qui serait à la portée de tout le monde, si le monopole ne m'en était assuré par un brevet d'invention. Je veux parler du pesage des liquides par les liquides, moyen qu'il faut écarter par la raison bien simple que je n'accepterai jamais qu'il en soit fait usage pour faire bénéficier, à un titre quelconque, un instrument rival des moyens de précision dont dispose seul le pesage des liquides par les liquides, qui dispense de rechercher la densité.

C'est pour tous ces motifs, encore une fois, qne je persiste à dire qu'il est matériellement impossible de vérifier sérieusement un grand dépotoir et, conséquemment, de le graduer.

VÉRIFICATION DE LA BASCULE DENSI-VOLUMÉTRIQUE

Il n'est pas sans intérêt de mettre en regard des difficultés qui s'opposent à la vérification des grands dépotoirs et le peu de garantie qu'ils offrent, même après vérification, les facilités que présente la vérification du petit dépotoir accroché au fléau de la Bascule densi-volumétrique.

Ici le nivcau ne peut jamais être altéré, puisque l'instrument est tenu en suspension sur un couteau fixe attaché au levier de l'appareil, et emboîté, par surcroît de précaution, dans un collier en fer. Or, le moindre déplacement, outre qu'il est impossible sans altérer profondément l'exactitude de la Bascule, serait visible pour tous.

Quant à la vérification rigoureuse de l'échelle, elle est des plus faciles.

La bascule se trouve armée d'un litre-étalon, dont la vérification est des plus simples. C'est là le point de départ.

Le litre–étalon s'accroche ensuite au levier de la bascule, et il est disposé de telle sorte que si l'on le remplit d'eau, la bascule accuse aussitôt le poids d'un hectolitre de cette eau si l'on fait équilibre au litre en plaçant des poids étalons sur le pont de la bascule.

On devine le reste : Il suffit maintenant de substituer le petit dépotoir au litre, et, après l'avoir tari, d'y verser de l'eau jusqu'à ce qu'on ait fait équilibre aux poids placés sur le pont de la bascule. Evidemment, si l'on fait usage de la même eau que précédemment, l'équilibre s'obtiendra lorsqu'on aura exactemeet versé un litre d'eau.

On opèrera de même pour le second litre, en ayant soin de doubler les poids étalons qui sont sur le pont de l'appareil ; on les triplera pour le troisième litre, et ainsi pour les autres. De cette façon, on obtiendra uné graduation qui ne pourra jamais s'écarter de l'exactitude idéale de plus de $\frac{1}{1,000}$ puisque la détermination du volume est faite avec un instrument de pesage, et que la tolérance pour les instruments de pesage a été fixée à $\frac{1}{1,000}$ au lieu de $\frac{1}{500}$ tolérance des mesures de capacité. L'opération sera d'autant plus juste, qu'ici on peut facilement chasser les bulles d'air et que l'exiguité même du dépotoir permet d'argenter les parois intérieures.

En résumé, dans l'état actuel des choses, la seule mesure légale, pratique, de même que la seule qui présente toutes les garanties de précision, c'est la Bascule densi-volumétrique, à l'exclusion de toutes autres, du moins dans les grandes opérations de mesurage.

Elle est la seule qui, en ne violant aucune des règles du système métrique, est susceptible de faciliter l'adoption d'un système unique de mesurage dans les transactions internationales; en ce sens que, en regard de la gradation par litre, il devient facile d'inscrire les mesures étrangères dont la Bascule, de même que pour le litre, donne les multiples par cent.

C'est à tous ces avantages que le système que je préconise doit d'avoir été seul admis, par la Commission de métrologie, du Bureau national des poids et mesures, à la vérification et au poinçonnage, — qui font de la *Bascule* densi-volumétrique la seule et unique mesure réunisssant cette triple condition d'être à la fois précise, légale et pratique.

T. SOURBÉ,

Publiciste, 2, rue Duperré.

9 782329 155043